Within My Mind; Poemas de Mi

OSCAR FRIAS

authorHOUSE®

AuthorHouse™
1663 Liberty Drive
Bloomington, IN 47403
www.authorhouse.com
Phone: 1 (800) 839-8640

Published by AuthorHouse 10/13/2018

ISBN: 978-1-5462-6100-1 (sc)
ISBN: 978-1-5462-6099-8 (e)

Print information available on the last page.

CONTENTS

2
POEMAS DE MI

ABOUT THE AUTHOR

Oscar Frías is without a doubt a special human being with whom I had contact during my first years of teaching. Oscar was someone who managed to be a creative and fun child during his early school years. He moved with ease to show himself capable of doing what he wanted and showed his identity through Spanish and his experience of a life growing up on the border. Since then, he had an interest in reading and ideas that were always new to him and he approached them with interest and with a particular taste. As a student, Oscar was very funny and also always showed a peculiar kindness that made him different from the rest of the students. That kindness was key, which defined him as an extraordinary child.

With love
Mr. López

SOBRE EL AUTOR

Oscar Frías es sin lugar a dudas un ser humano especial con el que tuve contacto durante mis primeros años en la docencia. Oscar literalmente fue alguien que logró ser un niño creativo y divertido durante sus primeros años escolares. Él se movía con una facilidad al mostrarse como un niño capaz de hacer lo que quería y de mostrar su identidad a través del español y de su experiencia de una vida en la frontera. El desde entonces tenía un interés por la lectura y por las ideas que para el siempre eran nuevas y las abordaba con interés y con un gusto particular. Recuerdo que en los paseos Oscar era muy divertido y además siempre mostraba una peculiar amabilidad que lo hacían diferente al resto de los estudiantes. Esa amabilidad era clave, cosa que lo definía como un gran pequeño niño especial.

Con mucho cariño
Sr. López

EPHEMERAL

XII-II-XlI

The sun dies against the ocean.

The waves appear to have no motion.

The dark blue sky is holding still.

The moon rises behind the hill.

Now the stars start to appear.

The bright colors are now so clear.

All of this have caught my eye.

The magic of nature

and

perfection of god.

TIME

IX-III-XII

The moment may come
when I kiss you and my heart will stop,
and my world will freeze.
I will say those words you
long to hear,
and I will be forever yours.
Time is all I need.

THE LONELY RANGER

IX-XXX-Xl

Here comes the lonely ranger

walking down the hill.

The moonlight radiates his shadow holding still.

Wounded on the heart and crazy off his

mind.

Here walks the lonely ranger he walks with no regrets.

He is a pagan on the streets.

He is what you call a freak.

Here comes the lonely ranger walking down the

hill.

DAYS OF AZURE

Bright star appear at Le dawn.

Constellations master the sky in days of azure.

The king feeds knowledge to his prime crown.

The queen rest upon the aurora borealis.

Ecstasy possessed the body and the mind,

for we are mere mortals.

Our bodies craves the euphoric pleasures.

So I propose this

let's dance my queen under this celestial sky.

May a dark hole consume our clothes and may the light go dark,

and we make love all night long.

SUMMERTIME SADNESS

XI-XXVIII-XIII

I got the summertime sadness.

I have nobody for me.

This loneliness feels like a sickness.

I can't find the right one for me.

Now summer time seems to

be over.

There's no one in summer for me.

I need to be smarter and clever,

to find the right on for

me.

DAYS OF LOVE

XIIIX-XIIIX-XIIIX

Another day has come today,

to watch the children run and play.

To starred on the bright blue sky.

To hear you sing that Lullaby.

Enjoy the day, enjoy the night.

Make love today under the stars.

ONE DAY

XXII-XXIV-XII

And if i was your love to say

remove those clothes you make me frail.

And if I was your love tonight.

Come close to me I'll hold you tight.

And if I was your love one day.

Sweet child of mine I'll like to play.

I'll play you a sweet lullaby.

You'll fall to sleep under

my arms.

My sweet girl all of this could be yours.

You'll have my love and I'll have yours.

NIGHT POEM I

III-VIII-XVI

Crickets in the night sing to sorrow smooth and slow.

Sitting in a bench with my vibe gray and low.

My anima is hard to master, losing patience on a groovy night.

Stigma comes narrow in my mind.

THE BLACK MOON

I-XXIII-XIV

The black moon rising in the sky.

Is happening during the day and not at dawn.

The moon appears and tides collide.

The ocean floors will now rise.

Oh! lord Poseidon dont doom our city.

Let us enjoy our black moon rising blues.

THE DOORS

III-XII-XIV

In life you are going to open and walk in many doors. Some of them you are going to close for ever and some will remain open, but there's going to be doors that for some reason you shut but kept the key just in case. This doors are the most important ones specially when you put the key in and it still opens.

WISE

II-XIV-XIV

I have fought many battles and have taken smashing blows. I have been injured and scarred. I have fallen to the ground and the thought of giving up has cross my mind, but you can't just lay there and let time consume you. You have to get up, because at the end the experiences and mistakes is what makes you wise.

TREES

III-XII-XIV

I like to rest against trees. I can feel like if they speak to me. I can smell the pure air they transmit, the smell of wood in the vast forest. I like to rest under the shadows they cast. It seems that its colder under their shadow. I love to climb trees. I climb thru their arms all the way to the top where I wonder what would it be if they could share all their knowledge.

PERCEPTION

II-XIV-XIV

The moon shines, but its light doesn't seems as magnificent as before.

My mind is lost in thoughts of regrets.

Maybe my perception of things have changed.

Now the moon is just a piece of rock flying

in the vast Universe.

EGYPTIAN GODDESS

II-XXIII-XIV

Her beauty resembles an egyptian goddess.

A gypsy in a ship of pirates enjoying her freedom.

The dark eyes of a lioness spotting her pray.

A free spirit soul carries her day by day.

Black dark hair and a beautiful smile.

She has the weapons to make you go

wild.

WANDERLUST

I-II-XIV

Ive always had this dream to travel the world and get lost.

To see the world and its beauty and kill this anxiety of being wanderlust.

I would love to go to France.

To go on top of the Eiffel tower and have a random romance.

Or maybe visit Rome, and on my visit to the Pantheon I'll write my girl a poem.

I would travel walking, running, in a car or in a plane.

I dont know how much time I have left I just want to cover more terrain.

If money is an opposition to be honest i dont care.

To stay a simple wanderlust is what makes me scare.

LADY BLUE

I-XXVIII-XVI

Across the sky lays the lady in blue.

Blue stars adorn her dress and the moon crowns her sublime beauty.

Oh! glorious lady come down to my shores,

feel the sand in your feet and the rain kissing your red cheeks.

Lets have long talks across the green fields, dance between

the thick forest and lay on the flowers.

Come today for an hour of three

come just for a glorious second that's all the time

I need.

ALONE CITY

I-XXIII-XIV

Alone city is a place in my mind.

Is the place where I go when I have the time.

Is a place that is lonely with a population of two,

but i find it entertaining, calm, and peaceful.

It is my sanctuary from society its a place of my own.

Where my deepest sacred secrets can be found.

What a beauty is the mind.

PERFUME

Women themselves are the most beautiful creation that this planet has to offered.

They come in different sizes and different hair colors, and characteristics,

but there's one thing in particular that drives me crazy.

Is the scent they cast like a spell

on me.

NATURE

II-VIII-XIII

Wonders of the world never caught my attention for they are made from the hand of vicious mans.

Nature in the other hand have left me blind by its beauty

for it was created by the hands of

God.

IMAGINATION

VI-I-XIV

Who is still awake?

the lonely boy wanders at night.

His brothers are now sleeping and he begins his task.

He dreams with his eyes open and dreams are his oracle.

He creates an Universe out of everything that surrounds him.

He opens walls of mysteries into the unknown.

He is never quite awake,

for him reality is a cancer a tumor that consumes the soul out of the body.

Dreams and imagination makes you keep the hope and the soul young and full of life.

NEST

IV-III-XIV

Take my hand let me show you my world.

I'll take you to places you never seen before.

Take my hand is not hard to understand.

Come with me dont just look at me and stand.

I'am always on the move, hesitate and it be to late.

I'll be miles away from the point you decide to stay.

But like all birds fly back to their nest

I'll come back for you.

I come around in December and leave again in May.

IN THE DARK

VI-V-XIV

Let it be dark
and we will begin.
Let the lights go dim.
I fear the dark, but in the dark
is much suiting.
In the dark
to make love
to plan a murder
to hide in the shadow
and run at night.
Its better in the dark,
so let it be dark and the show
will begin.

LUNATIC

VI-XXIV-XIV

A strange lunatic lives in my mind.

He comes and speaks for me at nights.

When he's around I become blind.

Suddenly I wake up everything is so bright.

I can't remember what I did last night.

Everything comes just in a blink

FLY, DIVE AND LAND

VI-XXVII-XVI

I feel like a stone thrown to a lake sinking to the bottom of the deep dark waters.

Wondering if I'll see light again.

You throw me up into the air where everything was magic where hopes and dreams were created.

It never seem that it would end

and if it ended I would land in sweet terrain.

But where have you put me my sweet one.

In days of sorrow with the rain.

You've thrown me to the deeps of the blue ocean.

To dance with the fish hoping to find a mermaid to ride back to the top.

The hopes of going back to the surface always is in my mind.

Maybe I'll take the risk what's the worst it can happen

sometimes smooth landing other times a brutal coalition of emotions.

You just have to learn how to fly, dive, and land.

SMILE

VII-III-XIV

There's things left to smile for.

For example your eyes or those red lips like an apple.

There's things left to smile for.

A cold night mist while watching the stars, or a long

summer night going with your friends bouncing from bars and bars.

A gathering of friends in a random night.

Long walks on the beach or a road trip driving all night.

Getting high with the music.

Getting high with the vibes.

There are things left to mile for in this fucked up world.

Where everything is focus on money and gold.

Smile in the morning for another precious day.

Live life to the fullest it might end today.

Life is unexpected make your life great.

Smile for tomorrow, smile one more day

smile if no one is watching

smile to your

death.

VOICES IN MY MIND

VII-X-XIV

Voices echo in my room.

There in the shadows I feel a look.

A look crawling in the darkness of the room.

I stared up to the dark ceiling.

I dont want to look neither left or right.

At this point I dont even want to turn on the light.

I am frightened I am scared.

Of what? I wonder under the sheets of my bed.

A monster in the closet?

Na Iam to old for that shit.

Negative spirits.

Maybe, even bad spirit and ghost I can handle.

What I fear is something more complex than that.

What I fear lives inside me.

Fear the power of the mind.

EREBUS WOMAN

VII-XVIII-XVI

She looks calm and shy,

but her mind is full of wonders.

She has a calm face, but in her eyes you see craziness.

A calm appearance and a wild electric spirit. Pale beauty like a greek goddess, dark pleasures and wonders she gives at night.

Erebus woman sing me your lullaby

take my freedom enslave me with your touch.

THE END

VII-XXVIII-XIV

The story begins and a period ends it.

Life begins and we have a death sentence.

We have an expiration date, but the numbers are unknown for death is unexpected.

So why are you crying now?

Why cant you be happy?

What's stopping you?

Why is your life so miserable

and meaningless.

The world is already a fucked up place.

Why waste the time living unhappily.

No one knows for sure what will happen after death.

As I get older I lose my faith.

In all the religions in heaven and hell.

At this point of life I start to believe that all of it is a fable.

I believe life should be simple.

Accept who you are and love thy self.

Embrace the fact that your going to die.

MEMENTO MORI

Make the best decisions you can and help the most in need.

It should it be simple

you born.

you live.

you die.

and time keeps going.

I like to think that after life you go into this eternal state of dream

where all the good things you did in life become your sweetest dreams
and all the fucked up shit you did become your worst nightmares.

ROLLING STONES

VIII-V-XIV

Let us take a break apart.
Go now and wonder the world, I promise
I will do the same.
Let's wander around the world
and get lost in the mighty nature.
There's plenty things to do,
pleanty things to discover.
Pleanty things to feel and
pleanty of things left to live for.
So go on and wonder and like the rolling stones
we'll meet again.

FALSE PROPHETS

V-V-XIV

Gather my friends and eat the poison and lies that false prophets feeds us.

Drink the blood served in wine,

eat the meat served as bread.

I tell you this.

This is Heaven and Hell you decide where to be.

SHAMAN

V-XXII-XIV

I am the one who makes you crazy.

I am your pure ecstacy.

I am the one who knows to touch you the way for you

to be pleased.

I am the one who makes you wild, and is

all alright if we get lost awhile.

I promise this you will be pleased.

Because I am a Dionysus

an electric shaman in your bed.

You'll ask for more I know you ll

beg.

SPEAK TO ME

II-XXVII-XIV

Speak to me pale woman.

Where have you left all your dreams and wonders?

Who took that shining smile off your face?

Tell me who made your tears go dry?

Who took the colors of the rainbow and made them all gray?

Who took you up high in the sky and let you go down so

hard to the ground.

Of who you think or wonder your days and nights?

Who abandon you here on the streets to be consume by the cold and
left to be judge by the apathetic ways

of people's minds.

Speak to me pale woman for I have concern for my people.

I have love to give to lift your spirit.

-- Kid wonders of a homeless woman at night.

WALLS

VII-XV-XIV

I took down the walls you constructed around you to proctect yourself from the outside world.

It was hard to put up with tons of concrete of mix emotions a few rejections and wild comotions.

But little by little the walls came down.

Opening the way to your warm heart.

DEMONS AT NIGHT

VIII-XXVI-XIV

And it is at night when my demons crush my dreams.

When they poison my thoughts and I cant fall to sleep.

And in the morning I am not the same.

And there's no one to blame.

Because demons come within oneself.

They live in a place deep in your head.

And you are the only one that has the key to locked those monsters or set them free.

INTENSE LOOK

The moonlight cast her light from above us.

The light lays upon those tender red lips.

Those lips that I can't seem to stop kissing and

those eyes that haunted me at night.

MY MUSE

IX-X-XIV

What is my muse? and where does it come from?

I thought it was the look in your eyes,

the sound of your voice or the taste of your lips.

The way you touch my body and the flawless of your hair.

But now that you're gone my muse still remains with me.

You are a silhouette of a memory,

part of my muse.

I realize that my muse comes from above when watching the moon and laying there counting stars and naming

contellations.

My muse comes from the sound of raindrops hitting the ground.

And I just love the sound of the raindrops singing loud.

My muse comes from the trees as there leafs turn from green to gray.

And the soul of the naked tree is visible in autumn.

My muse comes from what mother earth has to offer.

It comes from the mystery of the vast Universe out of my reach.

My muse comes from music and literature, from

silhouettes in my mind of people no longer here.

My muse comes within my mind,

my vision and

ears.

ECHOES IN MY MIND

IX-XXVII-XIV

Voices cry at loud, and I hear the sound of the voices

that echo in my mind.

When my eyes are shut and blind to the light,

out there in the darkness demons put up a fight.

In the darkness I can see myself,

and hear the screams of memories that echo in my mind.

Millions of questions and I have no answers.

Is like looking thru a mirror and seeing what you become.

In the dark I see myself as a child,

when I was full of energy and spirit.

The laughter.

The pain.

The goodtimes.

The bad times.

The crying.

All the sounds are just echoes that sound more distant as I

grow up.

BLOOD ECLIPSE II

Oh! glorious moon shining in the sky.

May the blood color red eclipse your white pearl light again.

Dark black sky the stars illuminate your celestial sky.

Shooting stars give hope and faith to my mind to ease the pain.

The wolfman in me is awake.

Wants to cry a lullaby and dance the dance

of the ancient indians

around a fire with drums, and conclude the

night with the sacred ritual.

Making love under this glorious

night.

MY LIGHT WENT DIM

X-XI-XIV

My light went dim.

It use to shine in bursting flames like

the tail of the Phoenix.

My light shone like the light of a full moon in a random night.

But now my light went dim,

like a ember being watched from far away.

A dark long hall and at the end a small light of life.

Dying fire of hope waiting to burst in flames like the great phoenix

or a light ready to die alone in the coldness

of indifference.

PERFECT PAIN

XI-XI-XIV

Come and wound me.

Make me hurt.

Let the pain upon me,

make me hurt.

Let the pain do its work.

In my mind and in my body

let the thought of you consume my soul.

Perfect pain your memory,

a silhouette that makes me whole.

The perfect pain of your memory doesn't seem to

hurt no more.

ENCOUNTERS

III-X-XIV

Heavenly sky forgive us now for wasting the days

of azure.

Give us the night to perform our art and embrace

your glorious pleasures, with the stars in the sky and a full moon to

testify our encounters.

I will hunt your body like a fearless hunter, and lay

your given up spirit on the grass.

Staring into the unknown

LEAP

Follow my lead and jump at the count
of three.
The freefall is a sweet ride down waiting to
feel the ground.
A smooth landing a perfect dive.
Smashing pumpkins
of brains and limps scatter on the streets,
but dont you worry my love
pain won't hurt we are going to be far
in a place unknown.
Where we belong.

BROTHERS MIND UNITE

XI-XXII-XIV

Dont waste the days in mental agony,

sing to life enjoy the harmony.

Never again cry alone, here my

brother join the club.

- I want to make a toast..........

..For the insane psycho minds outhere

-Brilliant minds.

-Forgotten minds.

-Silent minds you know...

The minds that can't be fooled.

The minds that see the truth.

The minds that can construct a better future.

silent minds hiding among many corners of the world.

Open minds with silent words.

to all of you lets have a toast.

Let us coexist spite our differences an Universal mind.

Brother minds unite.

WONDERS IN HIS MIND

XI-XXVI-XIV

He looked at her and in his eyes i could see love.

In his hands I could see a fragile and gentle touch.

In his lips the desire of a kiss,

to taste the sweet poison of your lips.

Only he knows the wonders of his minds.

WINDOWS

Thru the windows I see..

The immense city and wonder, what else this world has to offer?

I see the morning neighbor drink his morning coffee,

I see the sun coming out of the eastern horizon and

hear the morning birds sing their morning songs.

Thru the window I see..

But, I like to get out of the pane glass.

So I open the window and experience the world.

MENTOR

I had a mentor.

He was more than that.

My guide, my companion, my friend

my father.

I felted like I was his little project.

He input in me knowledge and ideas in my mind.

Ideals of what he probably would wanted for him,

things he did not accomplished.

He was quite a character a master of lies, but with

me he was transparent.

No lies, no tricks,

no acting.

I would see his wounds and scars.

His way he cry he couldn't lie.

I truthly knew him.

A lost soul lost in his own mind.

My mentor departed, and I never finish my lessons.

HEAVENLY MUSE

I-X-XV

Heavenly muse arose from the sky.

Heavenly muse I find in your eyes.

Heavenly muse in the touch of your skin.

Heavenly muse when our lips meet.

Heavenly muse that I find in nature.

Heavenly muse that I find in you.

THE FORGOTTEN SOULS

XI-XII-XIV

"Lets meager food for souls forgotten".

Join me in this endless war for the hunger and the poor.

In this world their is plenty for all.

The voice of the people needs to be heard.

Let's raise our weapons our mighty voice.

Let's go out together in numbers we do more.

Let's end the hunger, let's end the wars.

Eradicated the madman's that ruled our world.

Restore bring balance for the forgotten souls.

DRUGS

VII-XIII-XV

Sweet smoke piercing your lungs.

Natural herb among us.

Enlighten us.

Open up minds.

Sharp magical powder up your nose go's.

Adrenaline rush!

Animal instinct.

Cancerous cigar with a beer in hand.

Helps you through a conversation.

Psychedelic mushrooms and Lucy in the Sky with Diamonds.

Take you to a different realm.

A black herb reveals your inner spirit.

Tools of the gods to enjoy and relax.

Tools to escape from this messed up world.

2

POEMAS DE MI

OXIDACIÓN

IV-XIII-XIV

Los años ya le han pasado por encima y aquella máquina
constructora de músculos, que en aquellos tiempos
dio frutos de portes de modelos y galanes de telenovelas.

Aquella maquina de pesas que ya a pasado por tres generaciones y que
por algún valor sentimental quedó arrumbada en aquel rincón del
garaje.

A esa máquina le a pasado algo totalmente natural que le pasa a todas
las cosas de este mundo.

Las flores marchitan como la luz de una fogata se apaga.

El ser humano muere como a esta máquina la oxidación se la a comido.

Como al humano que se va oxidando al pasar de los años hasta hacerse
polvo.

Se consume más aquel que abusa de drogas y alcohol y tanta madre
que existe.

Esos se van oxidando más deprisa, pero lo importante no es la oxidación
del cuerpo sino la oxidación del alma.

SENTIMIENTO

IV-VIII-XIV

No es frío lo que siento a la ausencia de tu cuerpo.

Es más bien un sentimiento al creer que estoy solo.

No es el brillo de tus ojos negros los que me tienen encantado.

Solo me gusta ver la reflexión de la luna

entre tus ojos negros.

No son tus labios dulces los que me hacen delirar,

pero no e encontrado otros labios que me besen igual.

Estando yo contigo me siento en el cielo.

Estando yo solito mi mundo es un Universo.

Soy un cometa ardiente esperando a estallar o

acunarme en una de esas estrellas de esas que veo pasar.

AGRIDULCE

IV-XV-XIV

El beso agridulce de tus dulces labios.

Se fue perdiendo al pasar de los labios que e besado,

y a pesar que han pasado tantos años.

No sabes lo que anhelo volver a besar tus dulces labios.

Agridulce la historia que hemos vivido.

Parece que volvemos al comienzo y no tiene mucho sentido.

El primer amor nunca se olvida.

Un recuerdo que no duele y que no lastima.

Que solo deja una pequeña espina.

Un sabor agridulce amargo y a miel.

Un sentimiento que se lleva tatuado en la piel.

TE INVITO A NAVEGAR

VI-XXVI-XIV

Que sera de ti fiel compañera?

cuando me marche a probar mi suerte a otros mares...

Dejarás tu ancla clavada esperando mi regreso o navegaras también por otros senderos en aguas lejanas.

Marcharas sin rumbo al paso del compás sin direccion.

Y podría ser que mar adentro nos encontremos, y

compartimos una noche bajo las estrellas con su luna llena,

y al caer la manana yo ya me e ido y dejaré una carta donde te

invito a navegar

RELATOS DE LA LUNA Y EL SOL

XII-XVI-XIV

El Sol no se puede ver con gran fijeza.

La luz encandila y es imposible ver su brillo.

La Luna brilla con gentileza acaricia tu mirada y te pierdes con su belleza.

Pero que fuese la Luna sin el Sol?

Una roca fría y apagada.

Solitaria en la magnitud del Universo.

La Luna puede ser apreciada gracias a la iluminación del Sol.

En una noche de verano viendo las estrellas con Luna llena.

El Sol no puede verse más sin embargo se puede sentir.

Lo sientes en el sudor que recorre tu cuerpo.

En una tarde soleada en una playa en algún rincón del mundo en verano.

Como el Yin y el yang el Sol y la Luna se complementan.

Alumbrando tus mañanas y cuidando tus sueños.

EL BARREDOR

VI-III-XIV

Golpe tras golpe el Barrendero barre el suelo.

Es su ritual de las 7 A.M de la mañana.

El siempre tiene algo que hacer.

Su energía proviene de un polvo blanco como el azucar.

El barre el suelo con un estilo que hasta hoy en dia no e vuelto a ver.

Barre el suelo como si Da vinci pintara a la Mona lisa.

Aun recuerdo como se abría paso en semicírculos como si bailara

una de esas cumbias que ponía el DJ en los XV para abrir la pista.

Golpea el piso sin ninguna prisa suavemente y con una sonrisa.

Yo observo desde el balcón al barredor que es mi padre.

MUSICA CLASICA

VIII-XIII-XIV

Musica clasica para leer o escribir un Universo.

Para pensar o relajar el cuerpo tenso.

Para leer Poesía de Borges, Cabral o Benedetti y encontrar nuevos versos que me hagan recordar a ti.

Música que abre la imaginación y creatividad.

Para estar sentado en la magnitud de un bosque escuchando con serenidad el tocar del piano al compás que caen las hojas.

O en la playa sentado en la arena escuchando las rimas de las olas.

CORAZÓN CORAZA (BENEDETTI)

VII-XII-XIV

Así es el amor.

Lo tienes y ala vez no, porque el amor no es propiedad es un sentimiento.

Es un sentimiento único que pocas personas pueden despertar.

Es como una cortada en el alma que se vuelve cicatriz en el corazón.

Esa cicatriz se vuelve una historia agridulce que al contar puede que te saque una sonrisa o quizá una lágrima por

el recuerdo.

TODO EL INSTANTE

VIII-XII-XIV

Todo debería marchar así:

Simplemente amarse cuando hay amor, y dejarlo ir cuando no lo hay.

Dejarlo todo en un beso,

dejar marcas de guerra cuando te enfrentas en la guerra del sexo o cuando haces el amor.

El tiempo pasa y no se detiene.

En solo un instante te ves en el espejo y ves un gran cambio.

Tu rostro marcado por el reloj de la vida

se nota en esas arrugas y tus ojos desvelados.

La vida acaba en un instante.

FLOR

VIII-XV-XIV

Eras una flor en la pradera, esperando a florecer.

A brotar tus bellos colores a empezar a crecer.

Pero viene el verano y trae con el a los chicos aventureros.

Llegan a cortar los sueños e ilusiones.

A hacer las flores marchitar.

Que sus colores no florezcan para decorar la pradera.

Y al caer el Sol se esfuman los chicos aventureros con los sueños que han robado y el rastro de los pétalos rotos adornan la pradera.

Y entre todo el saqueo sobreviven dos que tres flores,

que algún afortunado a de descubrir.

CANJE

VIII-XIII-XIV

La soledad también puede ser una llama.
Puede ser una fiel compañera que ayuda al alma
a no perder la calma.
A falta de amor o carino,
el canje por la soledad es más seguro.
Que juro que preferiría la soledad mil veces
al tener un amor falso y mal
correspondido.

MUSICA EN MI

VIII-XIV-XIV

Me pierdo entre la música.

Me siento dentro de un cortometraje sin audio,

Pura musica clasica de fondo.

Viendo como caen las hojas en el otoño desde el cielo.

Convirtiéndose en mariposas que vuelan libre por el aire.

Al sonar las teclas del piano explotan como

si fueran un cometa ardiente y en el aire se dibujan gotas de colores

que caen sobre mi rostro.

COMO YO VOY

VIII-XXII-XIV

Como el agua en río corro y en el bosque

con el viento floto.

Como hoja descendiendo en el Otoño.

Como el aire voy y vengo libre por el cielo.

Y al caer la noche voy a la luna a acunarme.

A salir del mundo absurdo y en mis sueños relajarme.

MUJERES COMO YO

VIII-XXII-XIV

Como agua en el río corren, y en el bosque

como hojas flotan.

Son libres como los cielos.

Tenerlas un segundo es gloria, porque como el agua en el río corren y

tu mente está que explota.

Pero no importa sabes que con ellas flotas,

y al caer al piso se va con el soplar del viento

a buscar nuevos senderos libro como

el cielo.

SOLEDAD

VIII-XXIII-XIV

Cortejado las estrellas voy por el camino.

Pero ninguna estrella me mostró su hermoso brillo.

Desolado el sol alumbra mi camino, y en la luna

llegue a acunar mi soledad.

La luna solitaria me enseñó que la soledad no es más que una amiga que te acompaña mientras una estrella te muestra su brillo y como fiel compañera te espera cada vez que una estrella fugaz

se va.

A LA ESCRITURA

VIII-XII-XIV

La escritura es algo más especial que el inventar un invento.

Porque el inventor siempre quiere algo nuevo.

Mas sin embargo la escritura entre mas antigua mas su valor y la enseñanza que deja.

Porque el escribir no es competir es compartir y enseñar.

Es invitar a un extraño a un mundo ajeno e íntimo.

O quizás, a un mundo imaginario o a una fantasía guajira.

O simplemente a compartir la misma idea de muchas mentes brillantes.

El escribir es unir el inventar es destruir.

SILUETAS DE AMOR

IX-XIII-XIV

Las memorias son siluetas atrapadas en el tiempo.

Sin embargo algunas se van borrando al transcurrir del tiempo.

Pero en mi mente viven siluetas de amor.

Personas que existieron y se esfumaron como el vapor.

Pero sus recuerdos como siluetas existen y en sus mentes

tal vez mi recuerdo existe ya al pasar de los anios mi silueta persiste.

PREGUNTAS A PAPA

VI-XX-XIV

Porque no estas mas aqui a mi lado?

Será que tus ojos se han ya cerrado?

Me pregunto cuales eran tus sueños y aspiraciones.

Me pregunto de tu vida y tus pasiones.

Acaso eres un soñador al igual que yo?

Porque llorabas aquella tarde sentado junto al Volks?

Nunca te habia visto tan derrotado.

Creo que nunca lo sabré, acaso no eras feliz?

Cuándo fue que te perdiste?

y no lo juzgo suele pasar me amenudo ami.

Porque perdiste la paciencia y la esperanza y tu gran don.

Siendo grande entre los grandes mira donde fuiste a caer.

Donde se encuentra tu tumba?

Muchas noches la e buscado y nose si la e encontrado.

Porque la ciudad es inmensa y en cualquier esquina pudiste haber quedado.

Volvere a verte algun dia?

A tener esos paseos largos donde me contabas un poco de ti y tu conocimiento y tus hazañas de fútbol.

Me aterra que la respuesta sea un no.

LA BRÚJULA

XII-VIII-XVI

I. Lejos de ser individuos libres, responsables del curso que va tomando nuestras vidas e existencia. Somos entes sonados por alguien más al igual que nosotros nos inventamos a una persona que no conocemos pero que posiblemente existe ala otra vuelta del mundo o quizá a la vuelta de la esquina. El chiste es experimentar la vida es en vano tratar de descifrar si al final la muerte no tiene solución y no se sabe que sigue después.

CUANDO NO ESTOY CONTIGO

VIII-XXVI-XIV

Como flor marchita a la ausencia de agua.

Se marchita mi alma a la ausencia de ti.

Como llama apagada cuando ya no hay más lenia.

Mi corazón se apaga a la ausencia de tu calor.

Como luna solitaria suspendida en el Universo.

Solitaria es mi boca al ausencia de tus besos.

Como peces en el río nadando contra la corriente.

Es como me siento cuando tu no estas presente.

Como nube en el cielo navegando sin dirección,

Así también navega perdido mi corazón.

Todo esto es lo que me pasa cuando yo no estoy contigo.

HOMBRE QUE MIRABA LA LUNA

IX-XIV-XIV

Soy el hombre que miraba la Luna,

y con su brillo pienso en una mujer como ninguna.

El que al mirar la luna retumba su imagen en mi cabeza,

y al mirar la luna recuerdo su gran belleza.

Y mi mente vuela y no necesa.

Hombre que mira a la Luna y en

ella descubre mujer como ninguna.

SOY

IX-XIII-XIV

Soy como el agua que corre por el río.

Como el fuego ardo de pasion.

Como el viento libre voy por nuevos senderos.

Soy como como una gota de lluvia que se cuela por tu espalda.

Como la luz que penetra tu mirada en la mañana.

Soy como la tierra firme,

me planto en mi persona.

Como las nubes puedo ser suave como el algodón.

Como la Luna solitaria que brillaba con su aura blanca.

Y como el Sol arde de calor.

FANTASMA MELANCOLICO

IX-XVI-XIV

Fantasma melancólico tu silueta me sigue.

Tu imagen al mirar la Luna me persigue.

Fantasma que aparecen en los olores de las flores, en perfumes por las calles y en mi colchón quedaron tus olores.

Fantasma melancólico te veo noche y dia.

Espantas tu mis sueños y matas mis alegrías.

NOCHES FRIAS

IX-XXI-XIV

En las noches pienso en lo dulce de tus labios y recuerdo las

noches en las que compartimos mi cama.

y nos comíamos sin conocer excesos y recuerdo tus manos recorriendo mi espalda, y tus suspiros que erizaba mi cuerpo.

Ahora mi cama esta vacía, y en él habita un espacio frío donde antes

habitaba tu calor.

Ahora solo quedan los recuerdos de esos besos y esas caricias.

Sin ti....

Noches frias.

RECUERDOS

IX-XXI-XIV

Tengo más de cien mil recuerdos y por lo menos la mitad son tuyos.

Pero no hay porque ser egoísta si no eres la primera que viene ni la primera que se va.

Sin duda si la primera que me hizo llorar con un beso.

Tengo miles de recuerdos pero ese beso retumba en mi cabeza como

campana de iglesia.

Anunciando la misa de las siete de la mañana y después la de las nueve y así transcurre el día hasta que llega a su fin.

Pero mis recuerdos suenan dia y noche las veinticuatro horas los trescientos sesenta y cinco días del año.

Suenan en mi mente al compás de mi corazón, y llegó a pensar

que cuando mi corazón pare mis recuerdos morirán con el.

Perder la vida es seguro pues nacimos para morir.

En Cambio perder los recuerdos es inaudito es cuando pienso

que Dios es injusto.

AGUA

IX-XXI-XVI

El agua calma mi sed cuando mi cuerpo esta sediento.

El agua acaricia mi rostro cuando está lloviendo.

El agua acaricia mi cuerpo al meterme en las olas de una playa.

Al golpear mi espalda con sus olas.

El agua es azul clara y está llena de vida.

Sin el agua estas prosas no existirían y

en la tierra no habria vida.

EN DONDE SE ENCUENTRA TU TUMBA?

IX-XXI-XVI

En donde se encuentra tu tumba?

Muchas veces lo e pensado y

por las noches me pregunto donde tu cuerpo pudo haber quedado.

En donde se encuentra tu tumba?

Muchas veces la e buscado y siempre en mi búsqueda

e fracasado.

Me agobia mucho el pensamiento que tu tumba nace por ahí vagando.

Y muero de tristeza porque solo en sueños la

he encontrado.

COMPÁS SIN DIRECCION

IX-XXV-XIV

Avanzó por la vida con un compás sin direccion.

En mi mente tengo mis metas pero la brújula no marca dirección.

Como barco en mar abierto arrastrado por las olas.

Asi me arrastra a la vida pero decido surfear sus olas.

Y aunque A Veces me sambute y me quedo yo sin aire,

no me doy por vencido y luchó con todo mi ser.

Como náufrago en una isla desierta.

Mi mente naufrage

en pensamientos y en recuerdos muertos.

Compás sin dirección que por la vida me traes rodando.

Ayudame a encontrar mi camino ya me canse de andar vagando.

LO QUE EL HOMBRE OLVIDO

IX-XXV-XIV

Lo mejor de la vida es gratis.

Son las cosas que hombre olvido.

Como lo dijo un viejo maestro.

En una triste vieja canción.

En la playa sentado en la arena,

viendo el Sol morir ante el mar.

Observar esas grandes montanas.

Ver la Luna surgir entre el par.

Esos senos rocosos me encantan.

Pues arriba fronteras no hay.

Y se observan tan bellos paisajes,

y tu mente empieza a volar.

Y te quedas un tiempo en el viaje,

pero de nuevo hay que volver

a bajar.

AMOR A TU PATRIA

IX-XXIII-XIV

Amor a tu patria,

es amor a ti mismo.

Es valorar tus principios y morales.

Es serle fiel a tus sueños e ideales.

Que nada te manipule y no manipular a nadie.

Amor a tu patria es ser libres.

Porque gobiernos honestos no existen.

Amor a tu patria es recuperar la voz del pueblo.

De no quedarse de brazos cruzados y defender lo que es nuestro.

Amor a tu patria es levantarse contra el gobierno.

O acaso eres masoquista y te gusta que te estén jodiendo.

Amor a tu patria es no quedarse callado.

De cortar eso hilos de títere

con los que tienen a uno atado.

JARDIN BOTANICO(CECUT, TIJUANA)

X-I-XIV

Me encuentro en donde la vida nace.

En un jardín botánico en Baja California.

Donde se respira un aire puro.

Con un ambiente tropical donde se escucha el cantar

de los pájaros.

Donde se pueden apreciar artesanías de la cultura Mexicana.

En donde te llenas del conocimiento de la fauna

Donde presencias la voz del jardín cuando el aire se mezcla con las hojas
y las rosas y en esa linda mezcla

nace una linda melodia.

SIN NECESIDAD DE HABLAR

X-XXX-XIV

No hables,

comuniquemonos

entre miradas,

entre caricias y

besos.

No hables

solo guarda silencio.

Deja que las manos hablen por la boca.

Siente como mis dedos suavemente te dicen hola.

Y entre tactos

y miradas,

entre besos y suspiros.

Empezamos una larga conversación y así se

pasan las horas.

Pero palabras ni una sola.

Solo miradas

y caricias.

Solo besos

y gemidos y

así nos entendemos sin necesidad de hablar.

MIEDO EXCENTRICO

X-XI-XIV

De Repente me acecha el miedo, y me
entra en mi cabeza un pensamiento una
obscura idea de saber de ti.
Y de una idea llego a otra,
y sucesivamente hasta que no aguanto mas y decido buscarte.
Y a pesar de todo lo vivido se con certeza
que abrirás la puerta al yo tocarla.

APENAS Y A PENAS

VIII-XXIII-XIV

Me encuentro frente a una hermosa dama.

Que con certeza se que terminara en mi cama.

Y no hay prisa no hay porque perder la calma.

Si hay tiempo hasta para descubrir su alma.

El descubrir el cuerpo nuevo de una dama, puede resultar

en una travesía bastante placentera o típica aburrida y común.

Pues las caricias y los besos pueden ser de lo más dulces o de los más agrios que haya uno probado.

y mientras descubro nuevos territorios mi mente piensa.

Si será esta la última travesía el último descubrimiento

de estos terrenos tan unicos, o

quedaran mas por

descubrir.

POR UN INSTANTE

XI-XX-XIV

Por un instante destruiste mi mundo,

se detuvo mi tiempo y por unos segundos hubo un silencio completo.

Mire al cielo como pidiendo ayuda de algún cosmo o ser divino que

borra las palabras que tus labios susurraron a mis oídos y plasman una imagen perturbante en mi mente.

Pero por qué estar molesto, la vida sigue su curso pero se que sigues siendo mía como yo de ti.

Que peculiar manera de descubrir lo que sientes por una persona cuando descubres que su cuerpo fue destrozado por manos ajenas.

Sus labios envenenados por una boca llena de mentiras.

Pues no creo que una noche le bastó para entregar el alma.

Por un instante, y solo por un momento efímero

destruiste mi mundo y aun así

te sigo amando.

TRANSICIONES DE UN POETA

Y cuando la vi deje de escribir y la admire por un tiempo.

Y observar su sonrisa

y contemplar su cabello

y soñé con esos dulces labios

y su belleza hacía delirar mi cuerpo.

y así deje de escribir y el poeta se perdió en el tiempo.

Y se volvió un loco enamorado pero no por mucho tiempo.

Y de nuevo me senté a escribir.

y con tinta y papel escribí de su sonrisa del olor de su cabello

y del sabor de sus dulces labios.

y cada vez que viene su recuerdo a mi mente mi cuerpo empieza a delirar.

PA' NO PERDER LA COSTUMBRE

XI-XVIII-XIV

Limpiaba mi viejo archivero,

y entre tanto recuerdo y memorias guardadas me encontré con una

gran historia de dos jóvenes enamorados que se mandaban cartas llenas de inocencia y lo que a su tiempo creo que era amor.

Dos años capturados en cartas,

y al leerlas viajó a esos tiempos en donde esos

recuerdos se quedaron atrapados.

Cuando vuelvo a aquella época

me pongo a pensar hace más de cuatro años desde la última carta que data Febrero 18, 2010.

Ya hace más de casi siete años desde aquella primera carta.

La primera que empezó esta historia,

y pa' no perder la costumbre hoy te escribo

este poema.

SOMBRAS

Sombras del atardecer,

en el campo verde se reflejan las

últimas llamaradas de luz.

Las sombras de los árboles se postran

sobre el pasto verde

y las siluetas van desapareciendo

mientras el Sol cai por la borda del horizonte.

Las nubes se van pintando de un color anaranjado y

se vuelven moradas y después se pintan de un azul oscuro.

Las sombras se ocultan en la obscuridad de la noche.

Esperando lo primeros rayos de luz de la mañana para

volver a aparecer.

LOCOS PENSAMIENTOS

IX-X-XIV

Un amargo vacio siento

al caer la noche y no tener tu cuerpo junto al mío.

Al despertar un nuevo dia y saber que no eres mia.

Saber que vagas por las calles entre pirañas humanas.

Y el pensar que te a devorado más de una.....

Amargo vacío es el que siento al caer la mañana y no tener

tu cuerpo junto al mío,

y en mi cama veo ese espacio vacío que

produce locos pensamientos en mi mente.

NADA SE REPITE

Nada es irrepetible, todo es un instante.

Como la lluvia que hoy ves caer,

no caera de la misma forma manana.

El fuego que calienta hoy tus noches,

alomejor ese fuego no lo producirá el.

Hay noches en las que observó los crepúsculos de la luna

y no forman circulos perfectos.

Nada se repite en esta vida.

Aprende a apreciar cada momento,

sea bueno o sea malo recuerda..

Nada se repite.

INEXORABLE TIEMPO

Tiempo.

Inevitable el tiempo.

Como la muerte el tiempo.

Agonizante el tiempo.

Hermosos recuerdos se quedan atrapados en el tiempo.

Memorias y heridas suspendidas en el tiempo.

Para que hacer tanto tiempo?

Si el morir es solo un instante.

Me pregunto me habré muerto antes?

Quizás, alomejor hace mucho tiempo.

TODO POR TI

Si en mi boca se dibuja

una sonrisa.

O en mi mejilla rueda una lagrimita.

Todo es por ti.

Cambias mis nubes blancas a grises,

y de un dia soleado me cai una tormenta y

la razón a ese cambio se debe a ti.

Si me rio a carcajadas o llorar en el

silencio.

Si estoy en las nubes y de madrazo caigo al suelo.

La razón de todos estos cambios y movimientos

todo esto es por ti.

Si me siento muy contento y por las noches me atormento.

Y me siento confundido

que hasta siento darme por vencido.

Pero recuerdo todo lo vivido y

daria todo por ti.

OTRA QUE SE VA

VIII-XXVI-XV

No creas que de dolor nose.

Pues no eres la primera que se va.

Muchas otras se han marchado.

Pero pocas dejan cicatriz.

E visto un manantial de estrellas.

Pero solo cuatro me han marcado.

Y en mi corazón hay tres de ellas y hoy contigo

ya son cuatro.

Y aunque el tiempo es cruel y despiadado.

Sana heridas que se van dejando en el camino.

Y creanme que en mi camino

ya solo miro a la luna y le susurro.

"Hay va otra que se va."

JAQUE

X-XXVII-XIV

Aun asi me gusta su compania.

Es otra faceta de sus múltiples personalidades.

Un acto montado por coraje o rencor.

Una mirada que mata, pero por dentro dice amor.

Un rechazo que pide un abrazo.

Unos labios secos que piden en silencio

ser mojados.

Un cuerpo que extraña ser amado.

Pero en mi no hay coraje y mucho menos rencor.

Habita en mí una tristeza y un miedo por no saber qué hacer

cuando me encuentro en esta situación.

Es un juego de ajedrez donde cada movimiento el rey está

en jaque, pero no mate.

ACERCATE A MI

Detrás de esos ojos negros que

ocultas de mi.

Cuando te miro alos ojos no veo que estés ahí.

Respirar de tu mismo aire,

sentir tu cuerpo junto ami.

Dejarlo todo en un beso.

Vamos acercate ami.

Donde es esa sonrisa que conocí.

Y esos labios que al besarlos me hacían

vibrar ami.

Quiero robarte sólo un beso y en el intento ser feliz el sacrificio

bien lo vale,

si al final no estás aquí.

TE PIENSO

IV-XXVII-XVI

Te pienso.

Si te pienso todo el tiempo.

Al caminar por las calles de esta gran ciudad.

Te pienso.

Al almorzar sentado solo junto ala ventana

de un restaurante.

Te pienso

Cuando pasa el otoño y las hojas caen de los árboles

y sus hojas se marchitan y se hacen de

un color cafe.

Y en el frío invierno

te pienso en el frío espacio de mi cama.

Te pienso en la primavera en

los pétalos de las rosas veo tus

labios rojos y en la briza de la lluvia

al besar mi rostro.

Te pienso

en las noches antes de dormir.

Te sueno

y despierto Para' volver a pensar

en ti.

FLACA

Ojos desconfiados.

Labios que envenenan.

Fragil corazon de roca.

Cabello enredado, cuerpo sudado.

Constelaciones de lunares adornan su cuerpo.

Y asi voy contando como estrellas sus lunares al compas de

mis labios recorriendo tu

cuerpo.

RECUERDOS ELUSIVOS

IV-VIII-XVI

Mi corazon errante

vagabundo de fe.

Mis labios secos por el tiempo

llenos de sed.

Mi cuerpo frío ala ausencia

de tus manos.

Mi mente naufragea en

Recuerdos elusivos de ti.

DISCULPA

V-II-XVIII

Disculpa.

Si tu disculpa si alguna vez te cause dolor.

Disculpa si deje una herida en tu corazón.

Disculpame por haberte dicho una maldición o una grosería.

Por no haber dado lo mejor de mi en tiempos donde más

me necesitas.

Disculpa...

Pero constantemente estoy descubriendo

quien soy.

POEMA

VI-XXII-XVIII

Pienso.

Tiemblo.

Sonrío y lloro.

Al pensar en esos ojos negros como la noche.

Observo.

Contemplo.

Suspiro y cierro mis ojos.

Al mirar la luna pienso en ti.

Camino.

Despacio.

Como el tiempo me gustaría ser eterno.

Pero te imaginas....

Cuanto dolor?

AGRADECIMIENTOS

Se me hace dificil de creer que este es mi primer libro qué voy a publicar. Se me hace dificil de creer porque desde que tengo uso de razón y memoria siempre he escrito. Desde chico había un escritor en mí qué imaginaba lugares extraordinarios donde escribía mis grandes aventuras. Escribió romances en mis cuadernos de la escuela sobre las niñas que me gustaban en cada salón. Siempre había de algo de qué escribir especialmente en mis clases de historia, que me daban muchos temas en qué proyectar mí imaginación. Es por eso que me hago está pregunta por qué después de 10 años es que apenas publico mi primer libro? Tengo que agradecer en gran parte a un profesor qué tube en Southwestern College bueno a dos. Al Señor Dan Moody y a Francisco Bustos por haberse tomado su tiempo en leer mi material y él haberme inspirado a continuar. Quiero también a agradecer a Jimmy Santiago Baca que desde que dio su plática en City College y leimos su libro "A Place to Stand" abrio una perspectiva que no tenia con las palabras antes me hizo encontrar el amor al arte en las palabras.

Un gran agradecimiento a Emily Allison mí gran maestra de preparatoria que a lo largo de mi transcurso en mí vida escolar siempre a estado para brindarme los mejores consejos tanto de estudios como lecciones de vida. Un gran agradecimiento a Francisco Lopez mi primer maestro al que le debo mucho por haber tenido una gran paciencia conmigo. Quiero agradecer a las tres personas que mas amo. Mi madre y mis dos hermanos que si ellos nunca podría estar en donde estoy los amo y gracias por tanto.A mis dos viejos que ya se me fueron y no pudieron ver los frutos de su hijo y nieto pero que sin sus consejos y sus enseñanzas me hicieron el hombre que soy como los echo de menos gracias donde quiera que estén Un agradecimiento a todos mis seres queridos que desde el principio que empecé a escribir siempre estuvieron ahí para leer mis garabatos hoy publicados en un libro. Debo admitir que se siente algo bien espero hayan disfrutado de mí libro agradecimientos desde el fondo de mí corazón Gracias!!.

ACKNOWLEDGEMENT

It is hard for me to believe that this is my first book what I am going to publish. It is hard for me to believe because since I have use of reason and memory I have always written. Since childhood there was a writer in me who imagined extraordinary places where I wrote my great adventures. I wrote romances in my school notebooks about the girls I liked in each classroom. There was always something to write about especially in my history classes, which gave me many subjects on which to project my imagination. That's why I ask myself this question why after 10 years is it that I just published my first book? I have to thank two professors for they did for me at Southwestern College, Mr. Dan Moody and Francisco Bustos for taking the time to read my material and for inspiring me to continue. I also want to thank Jimmy Santiago Baca that since he gave his talk at City College and read his book "A Place to Stand" he opened a perspective that I did not have with words before, he made me find the love of art in words.

A big thank you to Emily Allison, my great high school teacher, who throughout my life in my school life has always been there to give me the best advice on both studies and life lessons. A big thank you to Francisco Lopez, my first teacher, to whom I owe a lot for having a great patience with me. I want to thank the three people I love the most. My mother and my two brothers that if they could never be where I am I love them and thank you for so much. To my two old men who already left me and could not see the fruits of their son and grandson but without their advice and their teachings They made me the man that I am, how I miss them, thank you wherever you are. A thank you to all my loved ones that from the beginning that I started writing were always there to read my doodles published today in a book. I must admit that it feels something good I hope you enjoyed my book thanks from the bottom of my heart Thank you!

Printed in the United States
By Bookmasters